Impressum
Verlag: BABADADA GmbH, Nedderfeld 112 , 22529 Hamburg
Geschäftsführer / Verlagsleitung: Harald Hof
Druck: Books on Demand GmbH, In de Tarpen 42, 22848 Norderstedt

Imprint
Publisher: BABADADA GmbH, Nedderfeld 112 , 22529 Hamburg, Germany
Managing Director / Publishing direction: Harald Hof
Print: Books on Demand GmbH, In de Tarpen 42, 22848 Norderstedt

ysgol
colegio

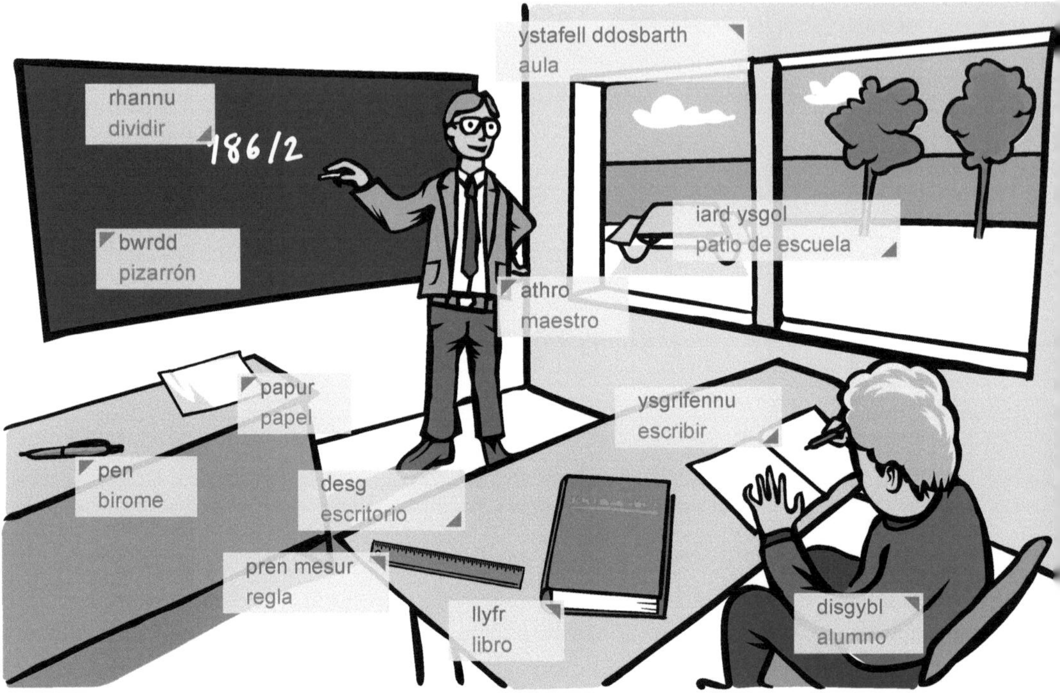

ystafell ddosbarth
aula
rhannu
dividir
186/2
bwrdd
pizarrón
athro
maestro
iard ysgol
patio de escuela
papur
papel
ysgrifennu
escribir
pen
birome
desg
escritorio
pren mesur
regla
llyfr
libro
disgybl
alumno

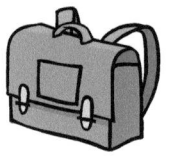

bag ysgol

mochila

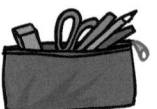

blwch penseli

caja de lápices

pensil

lápiz

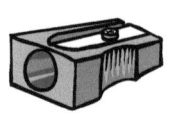

peth rhoi min ar bensil

sacapuntas

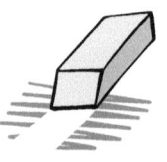

rwber

goma (de borrar)

pad arlunio

bloc de dibujo

llun

dibujo

brws paent

pincel

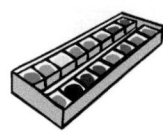

blwch paent

caja de pinturas

siswrn

tijera

glud

pegamento

llyfr ysgrifennu

cuaderno de ejercicios

gwaith cartref

tarea

rhif

número

ychwanegu

sumar

tynnu

restar

lluosi

multiplicar

cyfrifo

calcular

llythyren

letra

gwyddor

abecedario

gair

palabra

testun

texto

darllen

leer

sialc

tiza

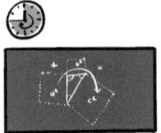

gwers

lección

cofrestr

cuaderno de clase

arholiad

examen

tystysgrif

certificado

gwisg ysgol

uniforme escolar

addysg

educación

gwyddoniadur

enciclopedia

prifysgol

universidad

microsgop

microscopio

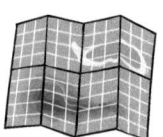

map

mapa

basged papur gwastraff

tacho (de basura)

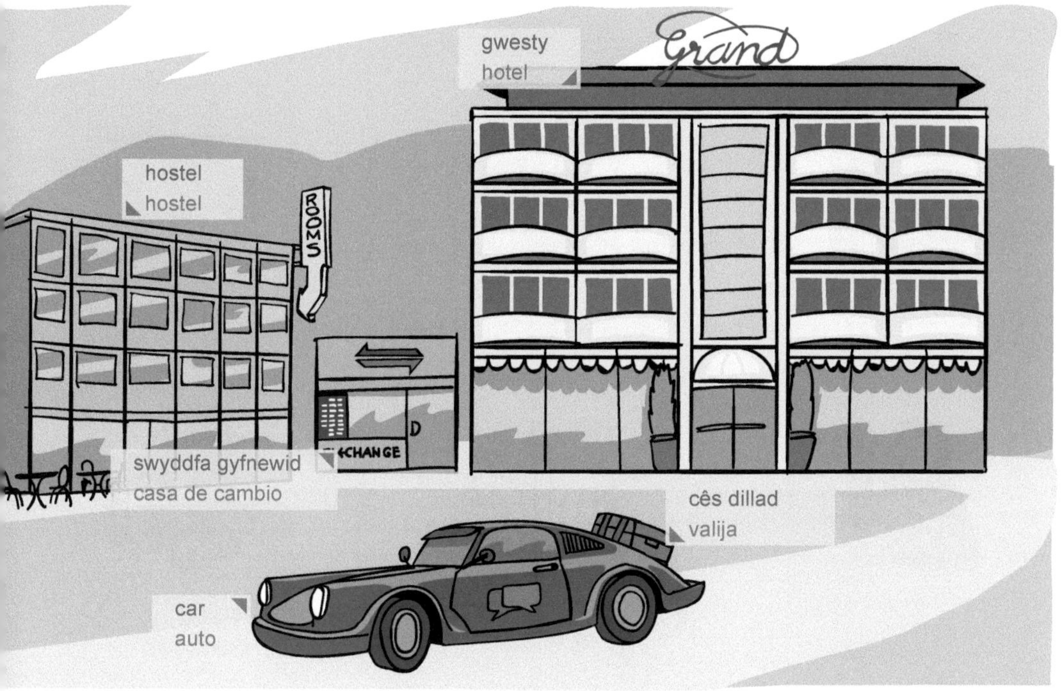

gwesty
hotel
Grand
hostel
hostel
ROOMS
swyddfa gyfnewid
casa de cambio
EXCHANGE
cês dillad
valija
car
auto

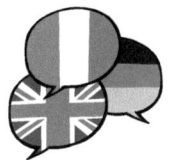

iaith
idioma

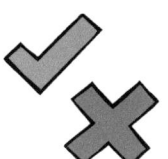

ie / na
sí / no

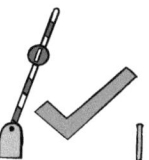

iawn
Está bien

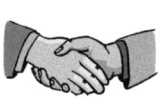

helo
hola

cyfieithydd
traductor

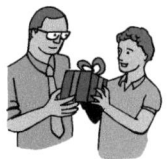

Diolch yn fawr
Gracias

faint yw ...?

¿cuánto cuesta…?

Dw i ddim yn deall

No entiendo

problem

problema

Noswaith dda!

¡Buenas tardes!

Bore da!

¡Buenos días!

Nos da!

¡Buenas noches!

hwyl

adiós

cyfarwyddyd

dirección

bagiau

equipaje

bag

bolso

gwarbac

mochila

gwestai

invitado

ystafell

habitación

sach gysgu

bolsa de dormir

pabell

carpa

teithio - viaje

gwybodaeth i ymwelwyr

información turística

traeth

playa

cerdyn credyd

tarjeta de crédito

brecwast

desayuno

cinio

almuerzo

swper

cena

tocyn

pasaje

lifft

ascensor

stamp

sello

ffin

frontera

tollau

aduana

llysgenhadaeth

embajada

fisa

visa

pasbort

pasaporte

cludiant
transporte

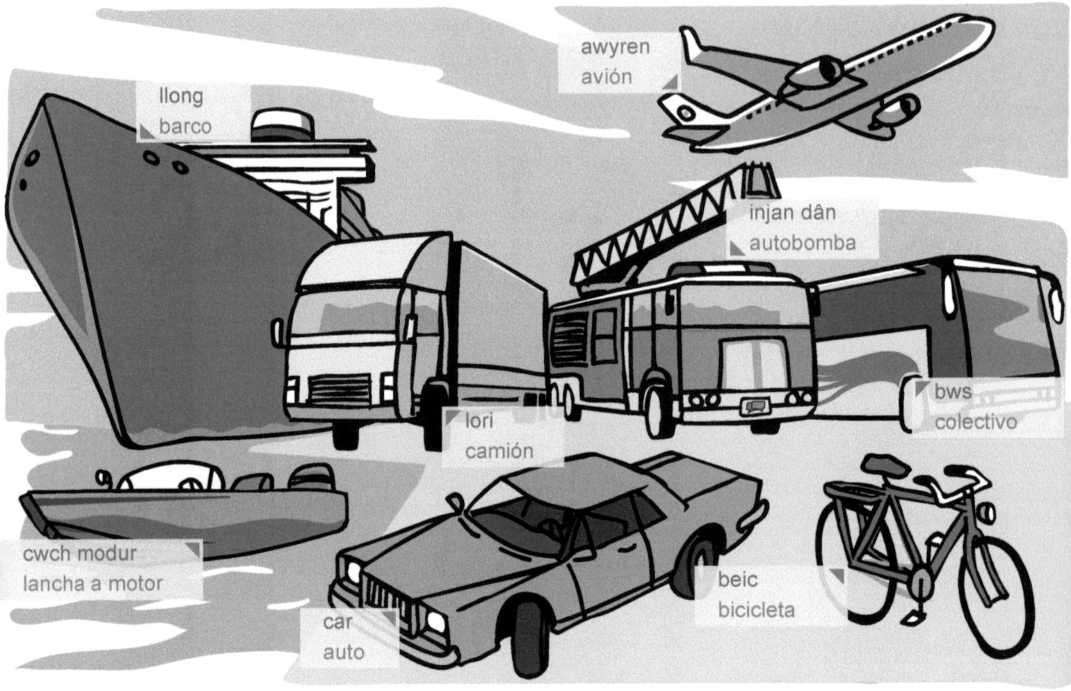
awyren
avión
llong
barco
injan dân
autobomba
bws
colectivo
lori
camión
cwch modur
lancha a motor
beic
bicicleta
car
auto

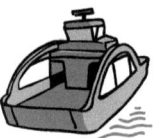

fferi

ferry

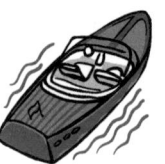

cwch

bote

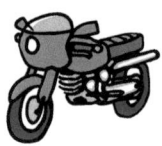

beic modur

moto

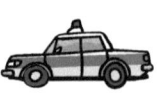

car yr heddlu

patrullero

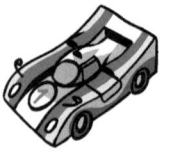

car rasio

auto de carreras

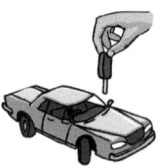

car wedi'i rentu

auto de alquiler

rhannu car

alquiler de autos

lori tynnu

grúa

lori ysbwriel

camión de basura

modur

motor

tanwydd

nafta

gorsaf betrol

estación de servicio

arwydd traffig

señal de tránsito

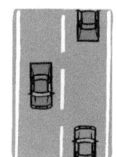

traffig

tránsito

tagfa draffig

embotellamiento

maes parcio

estacionamiento

gorsaf drennau

estación de tren

traciau

vías

trên

tren

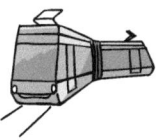

tram

tranvía

wagen

vagón

hofrennydd

helicóptero

maes awyr

aeropuerto

tŵr

torre

teithiwr

pasajero

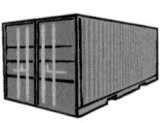

cynhwysydd

contenedor

paced

caja de cartón

cert

carretilla

basged

canasta

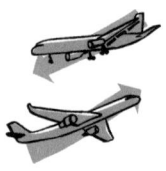

esgyn / glanio

despegar / aterrizar

dinas

ciudad

pentref

pueblo

canol y ddinas

centro de ciudad

tŷ

casa

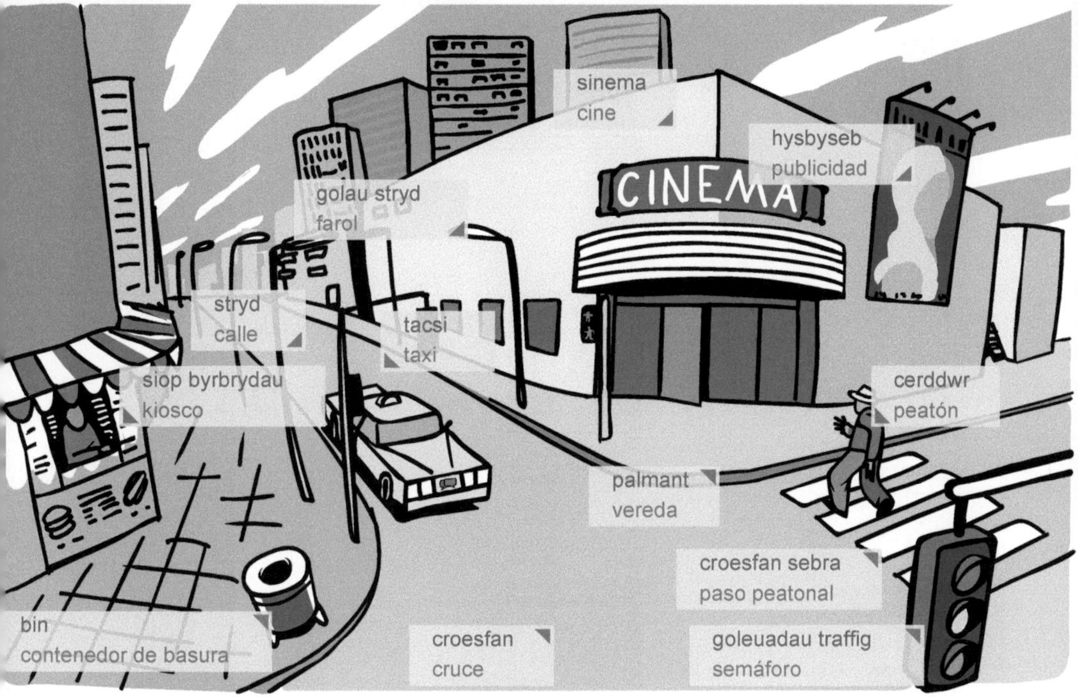

sinema
cine
hysbyseb
publicidad
CINEMA
golau stryd
farol
stryd
calle
tacsi
taxi
siop byrbrydau
kiosco
cerddwr
peatón
palmant
vereda
croesfan sebra
paso peatonal
bin
contenedor de basura
croesfan
cruce
goleuadau traffig
semáforo

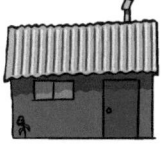

cwt

cabaña

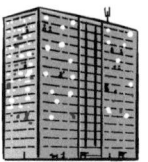

fflat

departamento

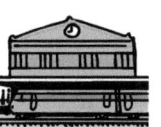

gorsaf drennau

estación de tren

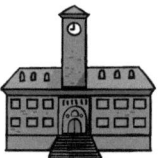

neuadd y dref

municipalidad

MUSEUM

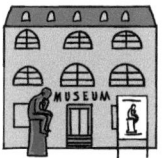

amgueddfa

museo

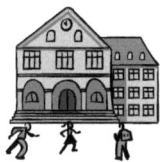

ysgol

colegio

prifysgol

universidad

banc

banco

ysbyty

hospital

gwesty

hotel

fferyllfa

farmacia

swyddfa

oficina

siop lyfrau

librería

siop

negocio

siop flodau

florería

archfarchnad

supermercado

farchnad

mercado

siop adrannol

grandes tiendas

siop bysgod

pescadería

canolfan siopa

centro comercial

harbwr

puerto

parc

parque

banc

banco

pont

puente

grisiau

escaleras

rheilffordd danddaearol

subte

twnnel

túnel

safle bws

parada del colectivo

bar

bar

bwyty

restaurante

blwch post

buzón

arwydd stryd

letrero

mesurydd parcio

parquímetro

sŵ

zoológico

pwll nofio

pileta

mosg

mezquita

dinas - ciudad

13

 fferm
granja

llygredd
contaminación

mynwent
cementerio

eglwys
iglesia

maes chwarae
juegos infantiles

teml
templo

tirwedd
paisaje

- deilen / hoja
- arwydd cyfeirio / poste indicador
- ffordd / camino
- dôl / pradera
- carreg / piedra
- coeden / árbol
- heiciwr / excursionista
- afon / río
- glaswellt / hierba
- blodyn / flor

cwm

valle

bryn

montaña

llyn

lago

coedwig

bosque

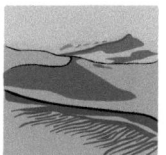

anialwch

desierto

llosgfynydd

volcán

castell

castillo

enfys

arco iris

madarchen

champiñón

palmwydden

palmera

mosgito

mosquito

pryf

mosca

morgrugyn

hormiga

gwenyn

abeja

pryf copyn

araña

tirwedd - paisaje

chwilen

escarabajo

llyffant

rana

gwiwer

ardilla

draenog

erizo

ysgyfarnog

liebre

tylluan

lechuza

aderyn

pájaro

alarch

cisne

baedd

jabalí

carw

ciervo

elc

alce

argae

presa

tyrbin gwynt

aerogenerador

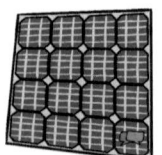

panel haul

panel solar

hinsawdd

clima

bwyty
restaurante

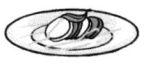

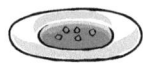

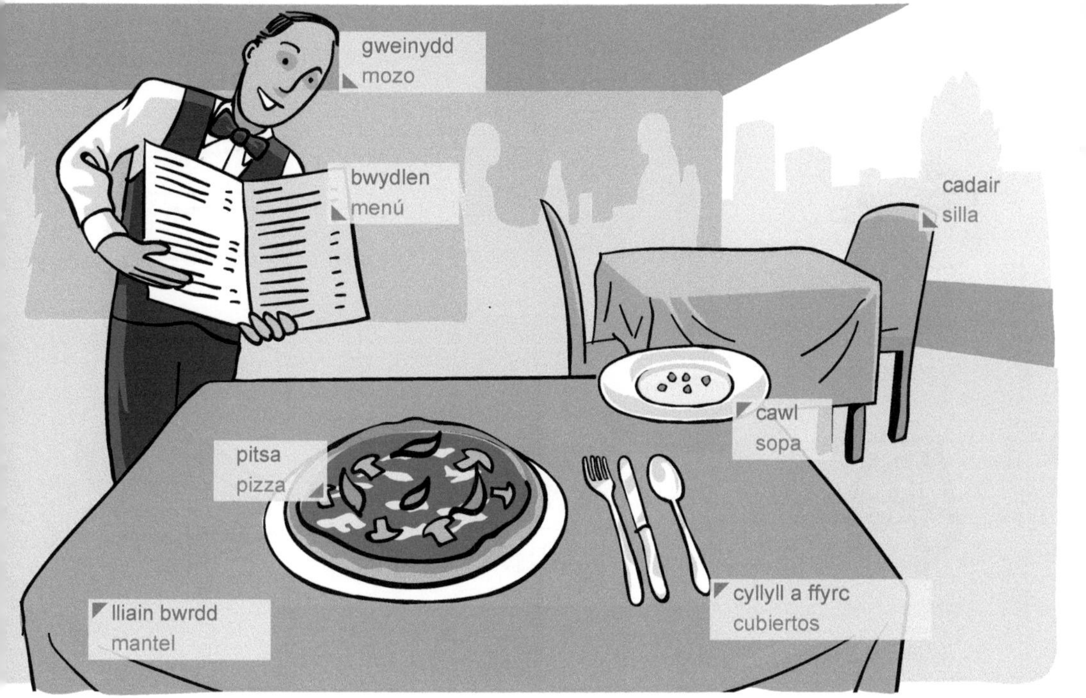
gweinydd
mozo
bwydlen
menú
cadair
silla
cawl
sopa
pitsa
pizza
cyllyll a ffyrc
cubiertos
lliain bwrdd
mantel

cwrs cyntaf

entrada

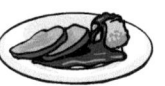

prif gwrs

plato principal

pwdin

postre

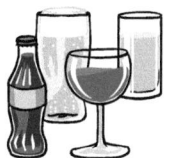

diodydd

bebidas

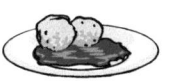

bwyd

comida

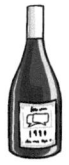

potel

botella

bwyd cyflym

comida rápida

bwyd y stryd

comida callejera

tebot

tetera

powlen siwgr

azucarera

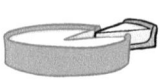

dogn

porción

peiriant espresso

cafetera expreso

cadair plentyn

sillita alta

bil

cuenta

hambwrdd

bandeja

cyllell

cuchillo

fforc

tenedor

llwy

cuchara

llwy de

cucharita

napcyn

servilleta

gwydr

vaso

plât

plato

plât cawl

plato hondo

soser

plato

saws

salsa

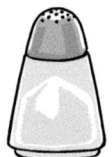

pot halen

salero

melin bupur

molinillo de pimienta

finegr

vinagre

olew

aceite

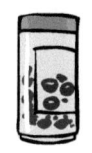

sbeisys

especias

saws coch

kétchup

mwstard

mostaza

mayonnaise

mayonesa

archfarchnad

supermercado

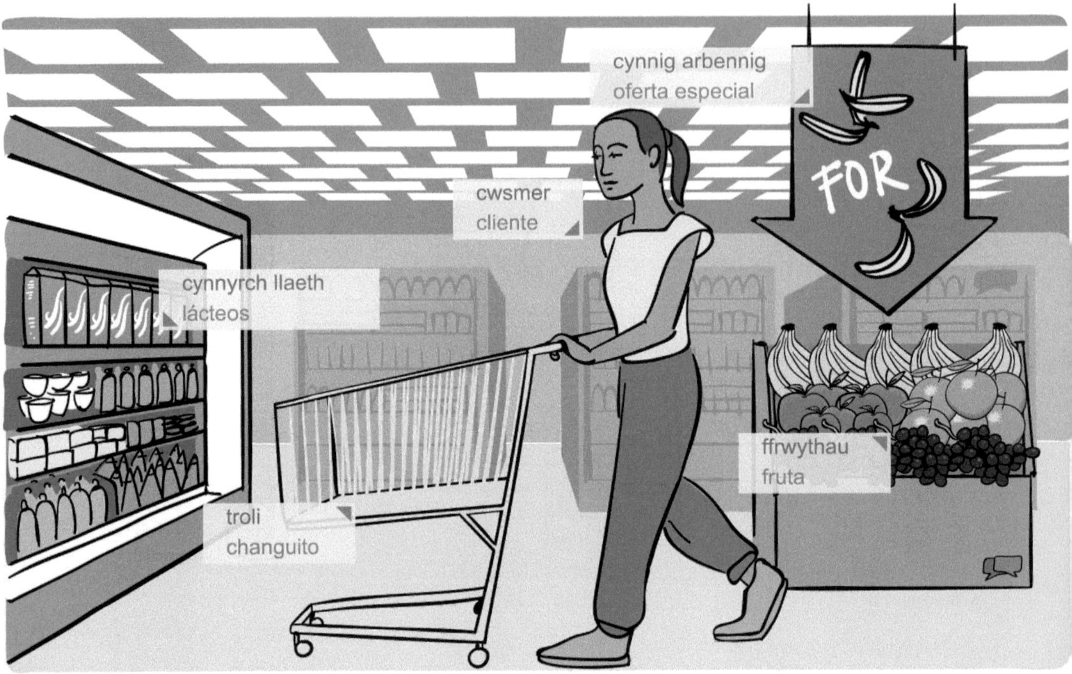

cynnig arbennig
oferta especial
FOR
cwsmer
cliente
cynnyrch llaeth
lácteos
ffrwythau
fruta
troli
changuito

BUTCHERS

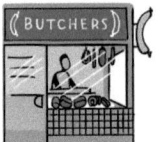

siop gig

carnicería

BAKERY

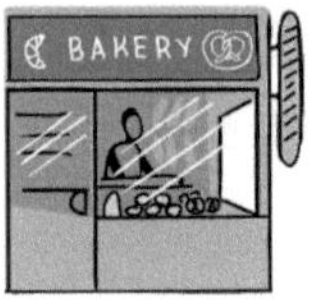

siop fara

panadería

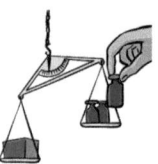

pwyso

pesar

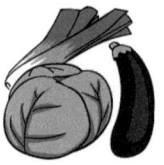

llysiau

verduras

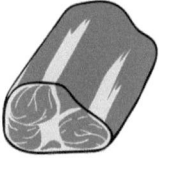

cig

carne

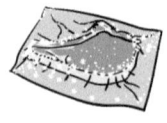

Bwyd wedi'i rewi

alimentos congelados

cig oer

fiambres

bwyd tun

alimentos enlatados

powdr golchi

detergente en polvo

da-da

golosinas

cynnyrch cartref

electrodomésticos

cynhyrchion glanhau

productos de limpieza

gwerthwraig

vendedora

til

caja

ariannwr

cajero

rhestr siopa

lista de compras

oriau agor

horario de atención

waled

billetera

cerdyn credyd

tarjeta de crédito

bag

cartera

bag plastig

bolsa de plástico

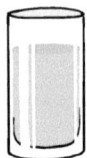

dŵr

agua

sudd

jugo

llefrith

leche

côc

bebida cola

gwin

vino

cwrw

cerveza

alcohol

alcohol

coco

cacao

te

té

coffi

café

espresso

café expreso

cappuccino

cappuccino

ffrwchledd

banana

afal

manzana

oren

naranja

melon

melón

lemwn

limón

moronen

zanahoria

garlleg

ajo

bambŵ

bambú

nionyn

cebolla

madarchen

champiñón

cnau

nueces

nwdls

fideos

sbageti

tallarines

reis

arroz

salad

ensalada

sglodion

papas fritas

tatws wedi'u ffrïo

papas fritas

pitsa

pizza

hambyrger

hamburguesa

brechdan

sándwich

cytled

churrasco

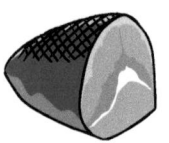

ham

jamón

salami

salame

selsig

salchicha

cyw iâr

pollo

rhost

asado

pysgodyn

pescado

bwyd - comida

ceirch uwd

copos de avena

miwsli

muesli

creision ŷd

copos de maíz

blawd

harina

croissant

medialuna

bynsen

pancito

bara

pan

tost

tostada

bisgedi

galletitas

menyn

manteca

ceuled

cuajada

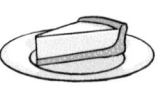

teisen

torta

wy

huevo

wy wedi'i ffrïo

huevo frito

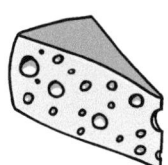

caws

queso

hufen iâ

helado

siwgr

azúcar

mêl

miel

jam

mermelada

siocled taenu

pasta de chocolate

cyri

curry

bwyd - comida

fferm

granja

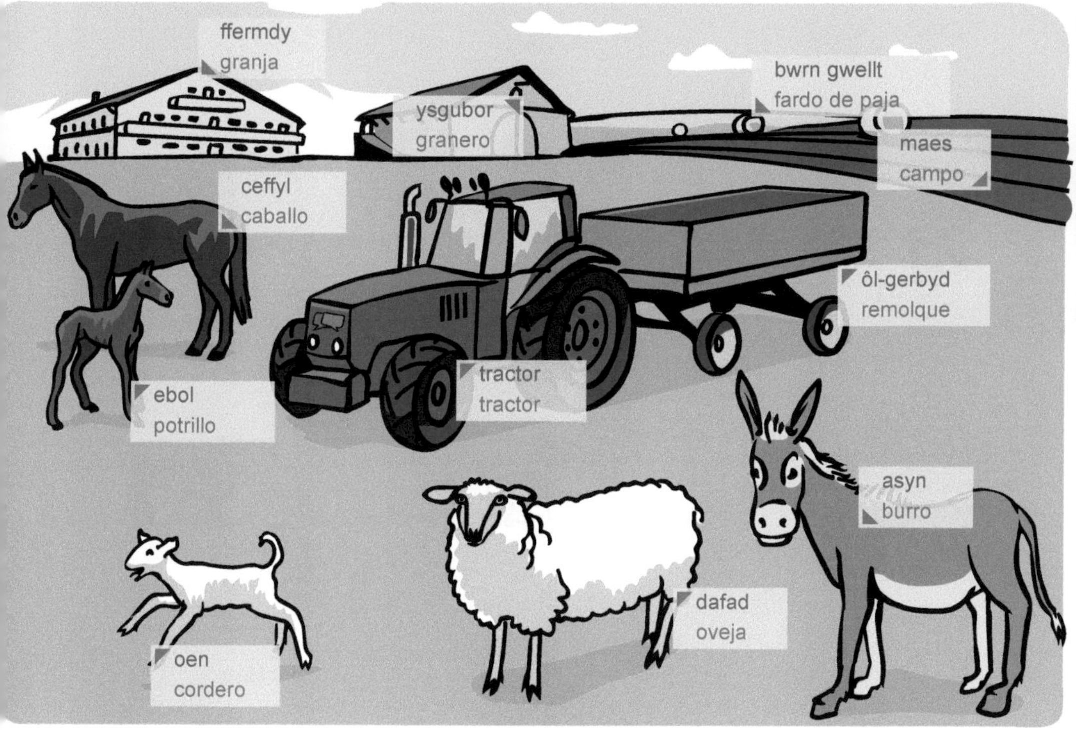
ffermdy
granja
ysgubor
granero
bwrn gwellt
fardo de paja
maes
campo
ceffyl
caballo
ôl-gerbyd
remolque
tractor
tractor
ebol
potrillo
asyn
burro
dafad
oveja
oen
cordero

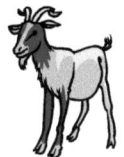

gafr
cabra

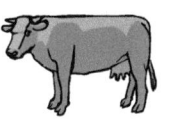

buwch
vaca

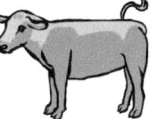

llo
ternero

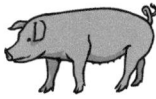

mochyn
cerdo

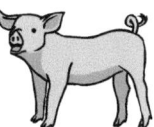

porchell
lechón

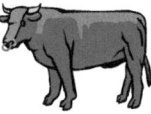

tarw
toro

gwydd

ganso

hwyaden

pato

cyw

pollo

iâr

gallina

ceiliog

gallo

llygoden fawr

rata

cath

gato

llygoden

ratón

ych

buey

ci

perro

cwt ci

cucha

pibell ddŵr

manguera

can dŵr

regadera

pladur

guadaña

aradr

arado

cryman

hoz

fforch chwynu

azada

picwarch

horquilla

bwyell

hacha

berfa

carretilla

cafn

abrevadero

tun llefrith

lechera

sach

bolsa

ffens

reja

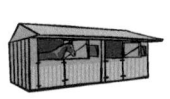

stabl

establo

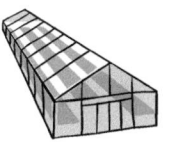

tŷ gwydr

invernadero

pridd

suelo

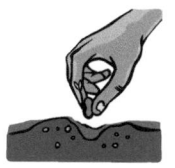

hedyn

semilla

gwrtaith

fertilizador

dyrnwr medi

cosechadora

cynaeafu

cosechar

cynhaeaf

cosecha

iamau

batatas

gwenith

trigo

soi

soja

tysen

papa

grawn

maíz

had rêp

semilla de colza

coeden ffrwythau

árbol frutal

manioc

mandioca

grawnfwydydd

cereales

simnai
chimenea

to
techo

peipen law
caño de desagüe

ffenestr
ventana

garej
garaje

cloch y drws
timbre

drws
puerta

bin sbwriel
tacho de basura

blwch post
buzón

gardd
jardín

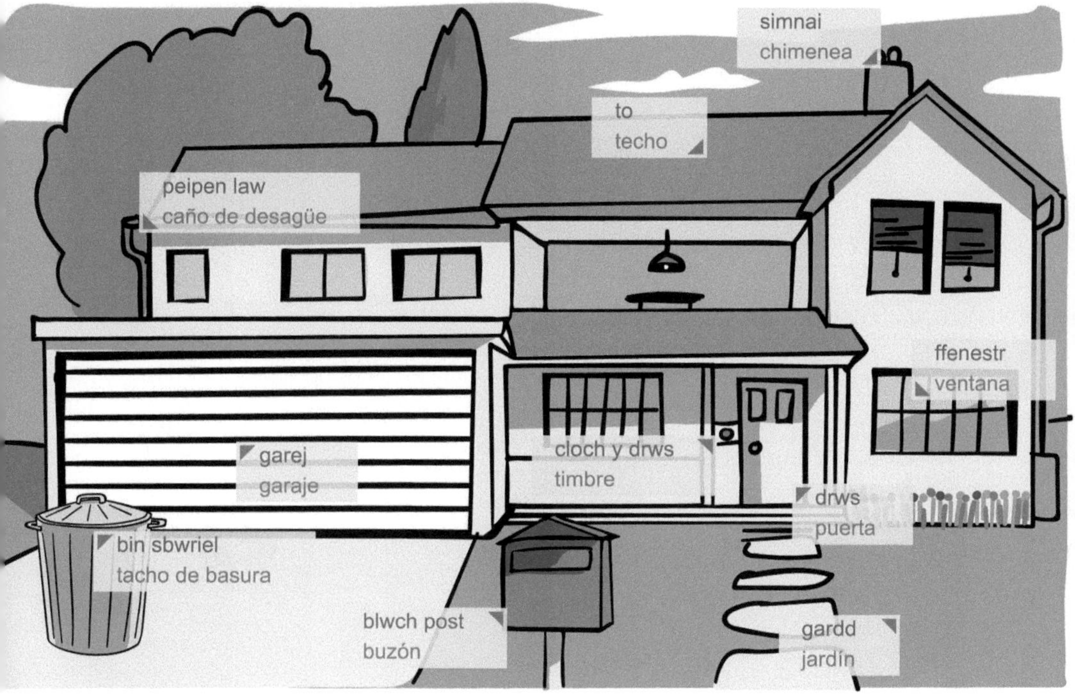

lolfa

living

ystafell ymolchi

baño

cegin

cocina

ystafell wely

dormitorio

ystafell plentyn

cuarto de los chicos

ystafell fwyta

comedor

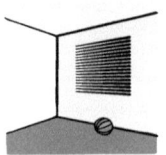

llawr
piso

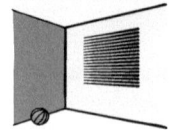

wal
pared

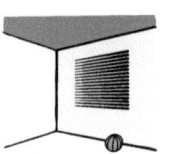

nenfwd
cielorraso

seler
sótano

sawna
sauna

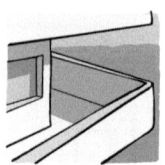

balconi
balcón

teras
terraza

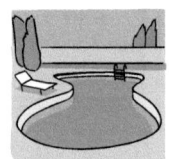

pwll
pileta

peiriant torri gwair
cortadora de pasto

taflen
sábana

gorchudd gwely
acolchado

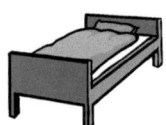

gwely
cama

ysgub
escoba

bwced
balde

swits
interruptor

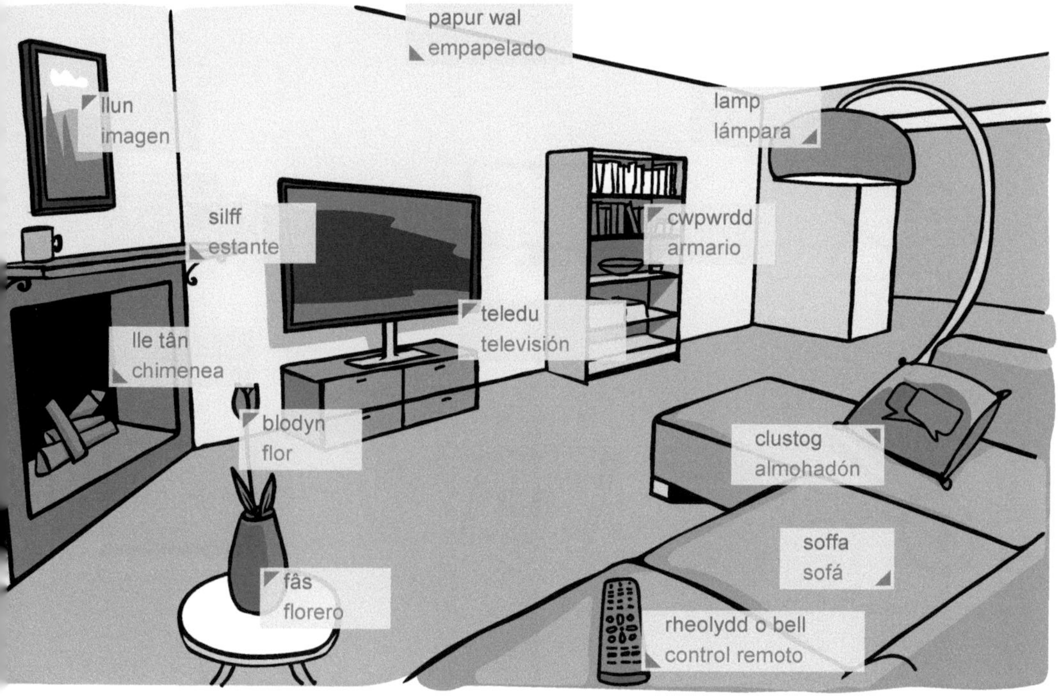

papur wal
empapelado

llun
imagen

lamp
lámpara

silff
estante

cwpwrdd
armario

lle tân
chimenea

teledu
televisión

blodyn
flor

clustog
almohadón

soffa
sofá

fâs
florero

rheolydd o bell
control remoto

	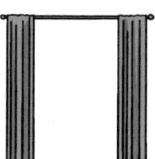	
carped	llen	bwrdd
alfombra	cortina	mesa

cadair	cadair siglo	cadair freichiau
silla	mecedora	sillón

llyfr

libro

blanced

frazada

addurn

decoración

coed tân

leña

ffilm

película

hi-fi

equipo de música

agoriad

llave

papur newydd

diario

darlun

pintura

poster

póster

radio

radio

llyfr nodiadau

cuaderno

hwfer

aspiradora

cactws

cactus

cannwyll

vela

cegin
cocina

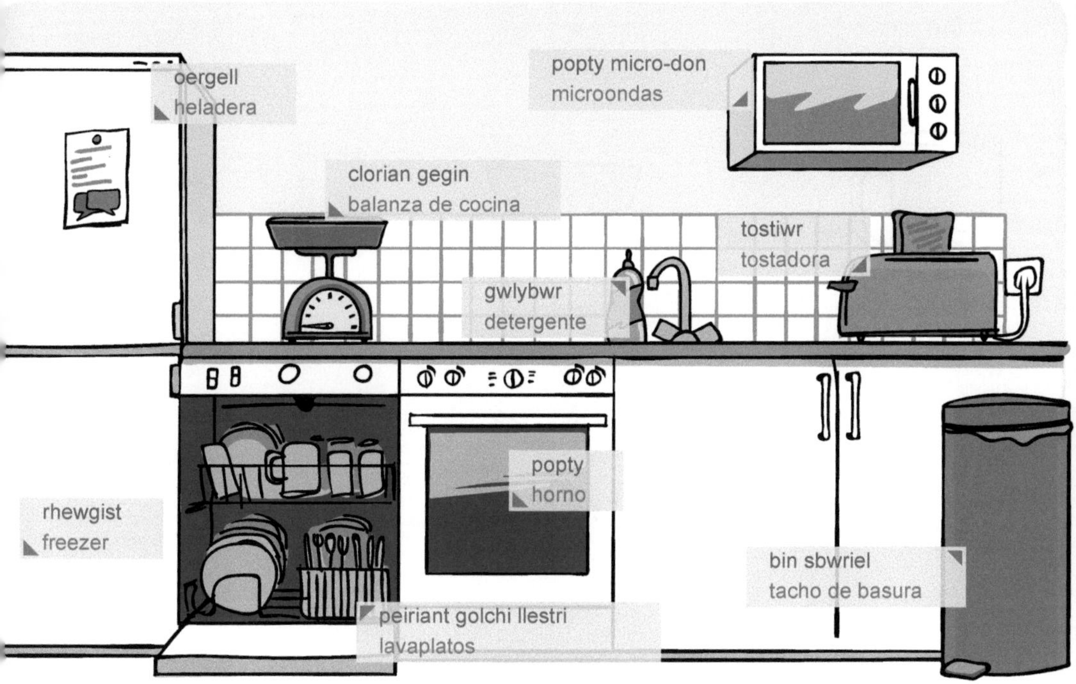
oergell
heladera
popty micro-don
microondas
clorian gegin
balanza de cocina
tostiwr
tostadora
gwlybwr
detergente
popty
horno
rhewgist
freezer
bin sbwriel
tacho de basura
peiriant golchi llestri
lavaplatos

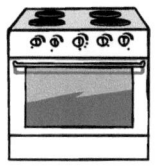

popty

cocina

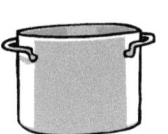

pot

olla

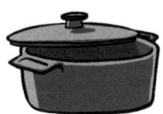

pot haearn bwrw

olla de hierro fundido

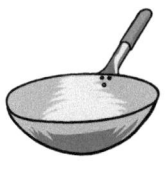

wok / kadai

wok

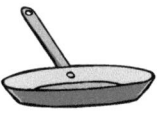

padell

sartén

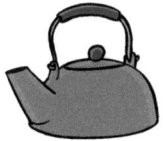

tegell

pava

sosban stemio

vaporera

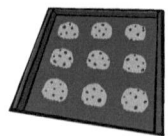

hambwrdd pobi

bandeja de horno

llestri

vajilla

mwg

taza

powlen

bol

gweill bwyta

palitos

lletwad

cucharón

ysbodol

estpátula

chwisg

batidora

hidlydd

colador

gogr

colador

gratiwr

rallador

morter

mortero

barbeciw

parrilla

tân agored

fogata

bwrdd torri cig

tabla de picar

rholbren

palo de amasar

tynnwr corcyn

sacacorchos

tun

lata

peth agor tuniau

abrelatas

clwt pot

manopla

sinc

pileta

brws

cepillo

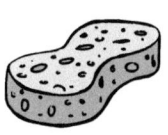

sbwng

esponja

peiriant cymysgu

batidora

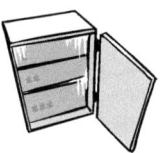

rhewgell

congelador

potel babi

mamadera

tap

canilla

ystafell ymolchi

baño

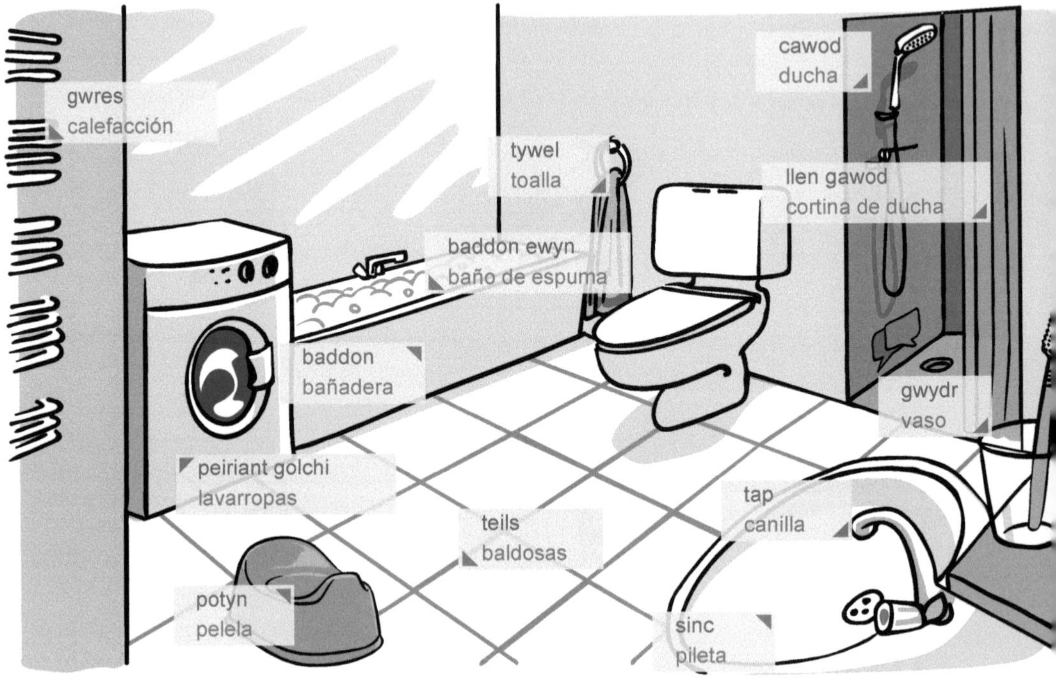

gwres
calefacción
cawod
ducha
tywel
toalla
llen gawod
cortina de ducha
baddon ewyn
baño de espuma
baddon
bañadera
gwydr
vaso
peiriant golchi
lavarropas
tap
canilla
teils
baldosas
potyn
pelela
sinc
pileta

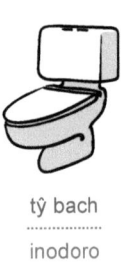

tŷ bach

inodoro

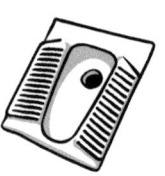

toiled cyrcydu

letrina

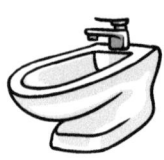

bidet

bidé

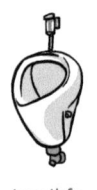

troethfa

mingitorio

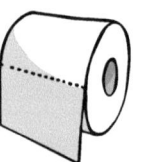

papur tŷ bach

papel higiénico

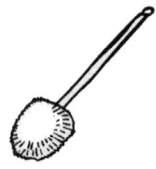

brws tŷ bach

cepillo para el inodoro

brws dannedd

cepillo de dientes

past dannedd

dentífrico

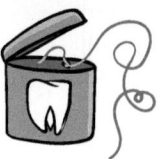

edau ddannedd

hilo dental

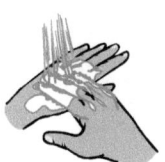

golchi

lavar

cawod llaw

ducha de mano

golchfa

ducha higiénica

basn

palangana

brws-ôl

cepillo para espalda

sebon

jabón

gel cawod

gel de ducha

siampŵ

shampoo

gwlanen

toallita

ffos

desagüe

hufen

crema

diaroglydd

desodorante

drych

espejo

drych llaw

espejito

rasel

maquinita de afeitar

ewyn eillio

espuma de afeitar

sent eillio

aftershave

crib

peine

brws

cepillo

sychwr gwallt

secador de pelo

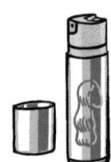

chwistrell gwallt

spray

colur

maquillaje

minlliw

lápiz de labios

farnais ewinedd

esmalte para uñas

gwlân cotwm

algodón

siswrn ewinedd

tijera para uñas

persawr

perfume

bag ymolchi

portacosméticos

stôl

banqueta

clorian

balanza

gŵn baddon

bata

menig rwber

guantes de goma

tampon

tampón

tywel misglwyf

toallita femenina

toiled cemegol

baño químico

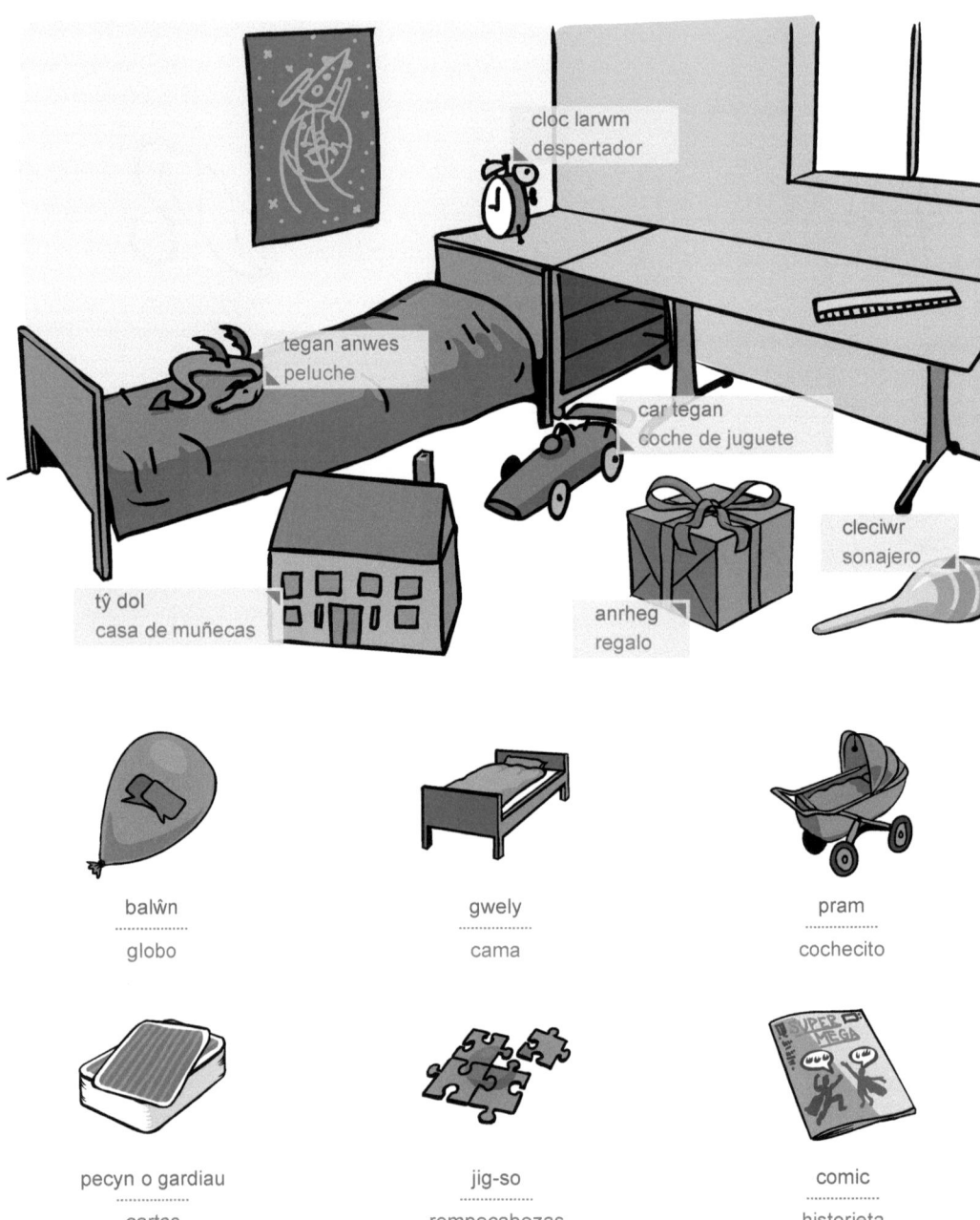

cloc larwm
despertador

tegan anwes
peluche

car tegan
coche de juguete

cleciwr
sonajero

tŷ dol
casa de muñecas

anrheg
regalo

balŵn
globo

gwely
cama

pram
cochecito

pecyn o gardiau
cartas

jig-so
rompecabezas

comic
historieta

brics Lego

piezas de lego

blociau adeiladu

ladrillos de juguete

ffigur gweithredu

figura de acción

babygro

enterito (de bebé)

ffrisbi

frisbee

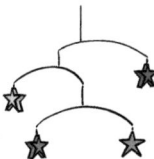

ffôn symudol

móvil para bebés

gêm fwrdd

juego de mesa

deis

dados

set model trên

tren eléctrico

teth lwgu

chupete

parti

fiesta

llyfr lluniau

libro de cuentos ilustrado

pêl

pelota

dol

muñeca

chwarae

jugar

pwll tywod

arenero

swing

hamaca

teganau

juguetes

consol gemau fideo

consola de videojuegos

beic tair olwyn

triciclo

tedi

osito de peluche

cwpwrdd dillad

armario

dillad

ropa

hosanau

medias

hosanau

medias panty

teits

calzas

sgarff
bufanda

ymbarél
paraguas

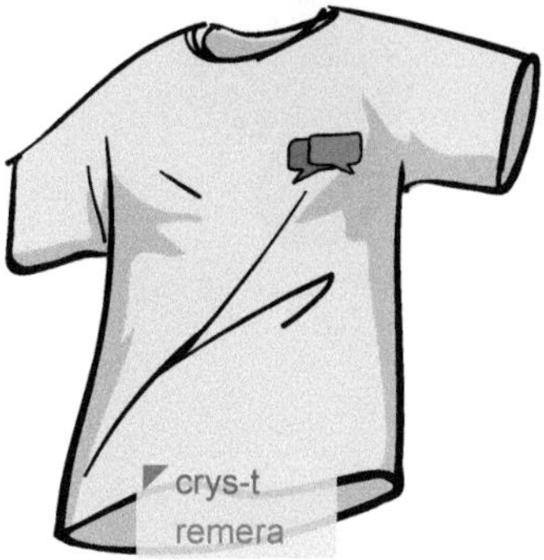

crys-t
remera

gwregys
cinturón

esgidiau
botas

sliperi
pantuflas

esidiau ymarfer
zapatillas

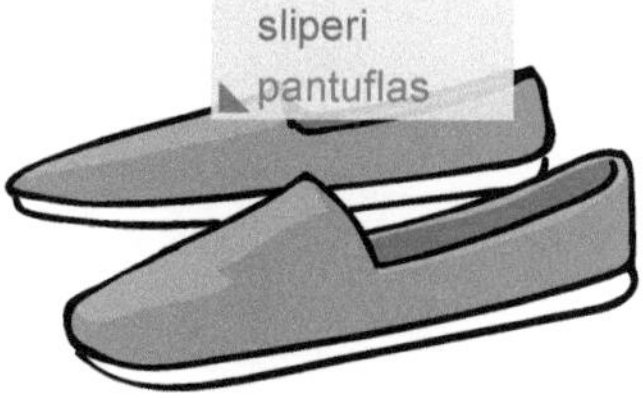

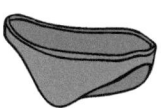

sandalau
·······
sandalias

esgidiau
·······
zapatos

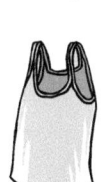

esgidiau rwber
·······
botas de goma

trôns
·······
ropa interior

bra
·······
corpiño

fest
·······
chaleco

corff

body

trowsus

pantalones

jîns

jeans

sgert

pollera

blows

blusa

crys

camisa

pwlofer

pulóver

hwdi

buzo

blaser

blazer

siaced

campera

côt

tapado

côt law

piloto

gwisg

traje

gŵn

vestido

gwisg briodas

vestido de novia

siwt

traje

gŵn nos

camisón

pyjamas

pijama

sari

sari

sgarff pen

pañuelo para cabeza

tyrban

turbante

bwrca

burka

cafftan

caftán

abaya

abaya

gwisg nofio

traje de baño

trowsus nofio

short de baño

siorts

shorts

tracwisg

jogging

ffedog

delantal

menig

guantes

botwm

botón

sbectol

anteojos

breichled

pulsera

cadwyn

collar

modrwy

anillo

clustdlws

aro

cap

gorra

cambren

percha

het

sombrero

tei

corbata

sip

cierre

helmed

casco

fframiau danedd

tiradores

gwisg ysgol

uniforme escolar

gwisg

uniforme

bib
....
babero

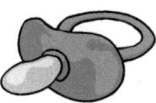

teth lwgu
....
chupete

cewyn
....
pañal

swyddfa
oficina

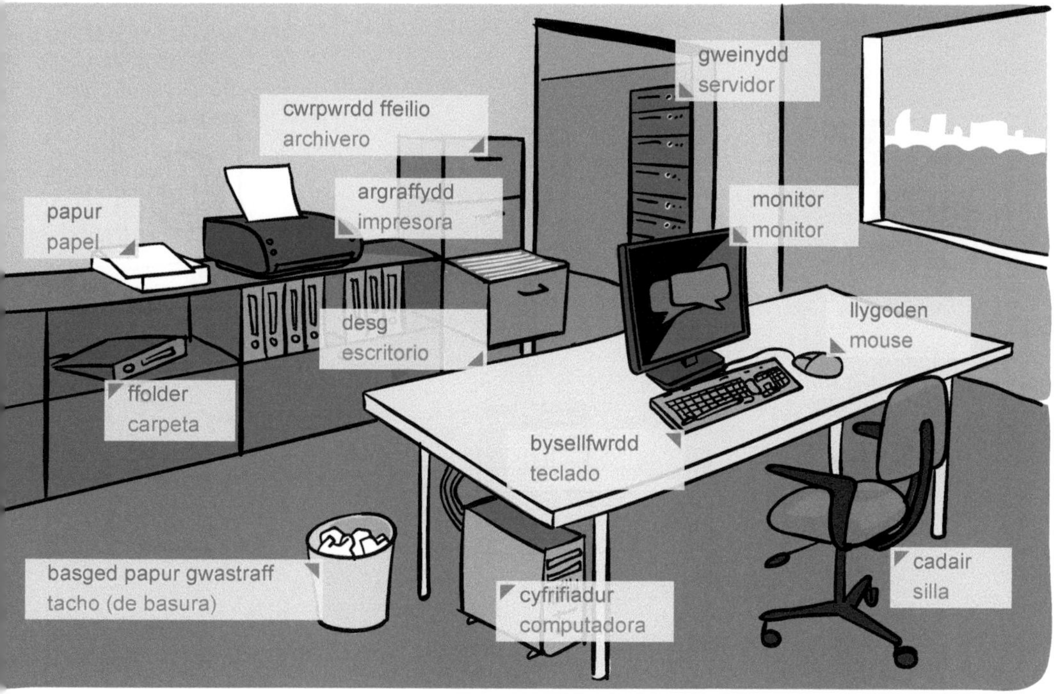

gweinydd
servidor

cwrpwrdd ffeilio
archivero

argraffydd
impresora

monitor
monitor

papur
papel

llygoden
mouse

desg
escritorio

ffolder
carpeta

bysellfwrdd
teclado

basged papur gwastraff
tacho (de basura)

cyfrifiadur
computadora

cadair
silla

mwg coffi
....
taza de café

cyfrifiannell
....
calculadora

rhyngrwyd
....
internet

gliniadur

laptop

llythyr

carta

neges

mensaje

ffôn symudol

celular

rhwydwaith

red

llungopïwr

fotocopiadora

meddalwedd

software

teleffon

teléfono

soced plwg

tomacorriente

peiriant ffacs

fax

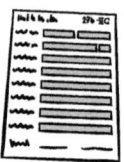

ffurflen

formulario

dogfen

documento

prynu

comprar

talu

pagar

masnachu

hacer negocios

arian

dinero

doler

dólar

ewro

euro

yen

yen

rwbl

rublo

ffranc y Swistir

franco suizo

yuan renminbi

yuan

rwpi

rupia

peiriant arian

cajero automático

swyddfa gyfnewid

casa de cambio

aur

oro

arian

plata

olew

petróleo

ynni

energía

pris

precio

contract

contrato

treth

impuesto

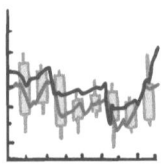

stoc

acción

gweithio

trabajar

cyflogai

empleado

cyflogwr

empleador

ffatri

fábrica

siop

negocio

swyddi
ocupaciones

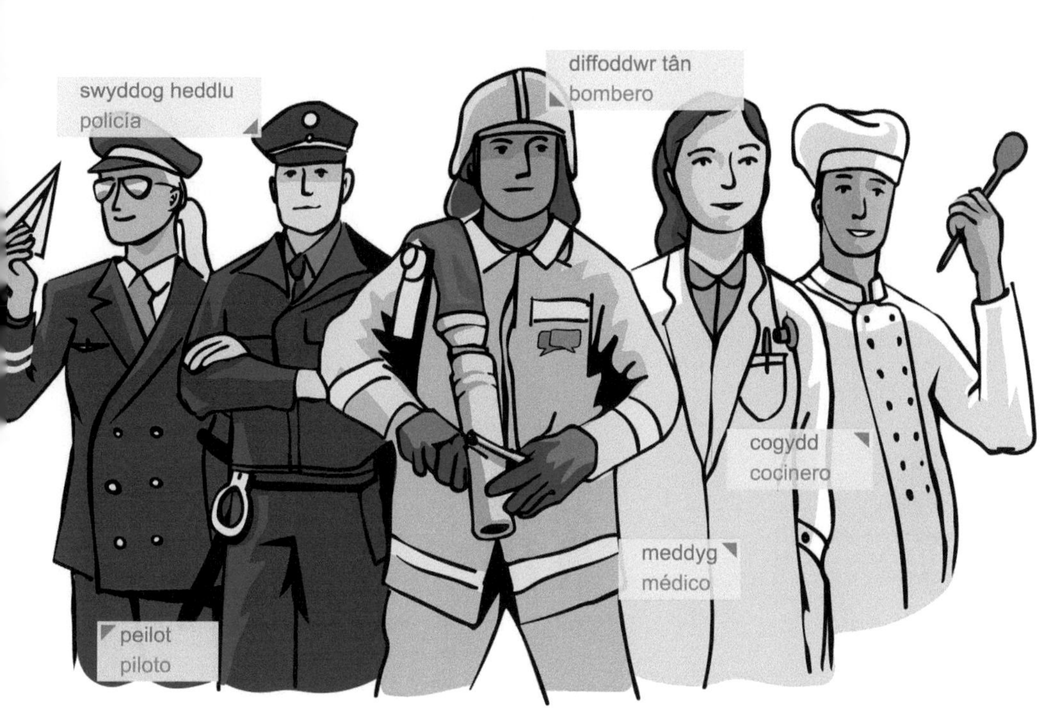

swyddog heddlu
policía
diffoddwr tân
bombero
cogydd
cocinero
meddyg
médico
peilot
piloto

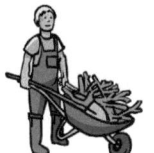

garddwr
jardinero

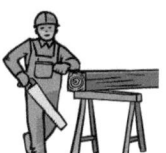

saer
carpintero

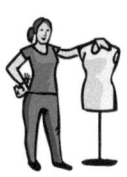

gwniadwraig
modista

barnwr
juez

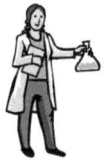

fferyllydd
farmacéutico

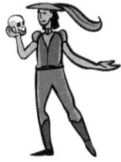

actor
actor

gyrrwr bws

colectivero

gyrrwr tacsi

taxista

pysgotwr

pescador

glanhawraig

mucama

töwr

techista

gweinydd

mozo

heliwr

cazador

paentiwr

pintor

pobydd

panadero

trydanwr

electricista

adeiladwr

albañil

peiriannydd

ingeniero

cigydd

carnicero

plymiwr

plomero

dyn y post

cartero

milwr

soldado

pensaer

arquitecto

ariannwr

cajero

gwerthwr blodau

florista

triniwr gwallt

peluquero

archwiliwr tocynnau
rheilffordd

cobrador

mecanydd

mecánico

capten

capitán

deintydd

dentista

gwyddonydd

científico

rabi

rabino

imam

imán

mynach

monje

clerigwr

sacerdote

offer
herramientas

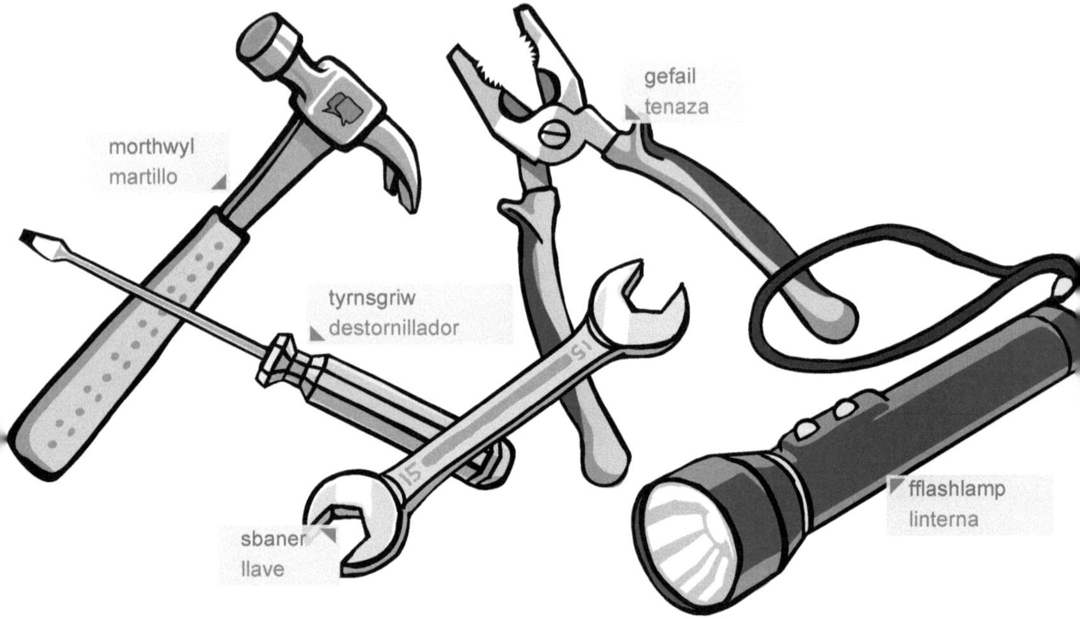
gefail
tenaza
morthwyl
martillo
tyrnsgriw
destornillador
fflashlamp
linterna
sbaner
llave

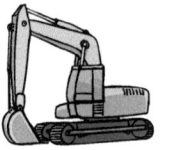

turiwr

excavadora

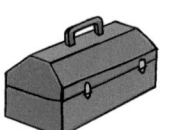

blwch offer

caja de herramientas

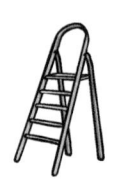

ysgol

escalera portátil

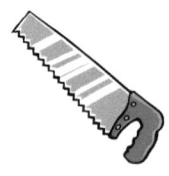

llif

sierra

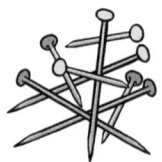

hoelion

clavos

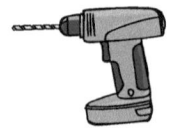

dril

taladro

trwsio
arreglar

rhaw
pala de jardín

Daria!
¡Qué bronca!

rhaw lwch
pala de plástico

pot paent
tacho de pintura

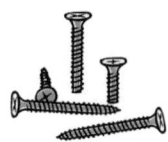

sgriwiau
tornillos

offerynnau cerdd
instrumentos musicales

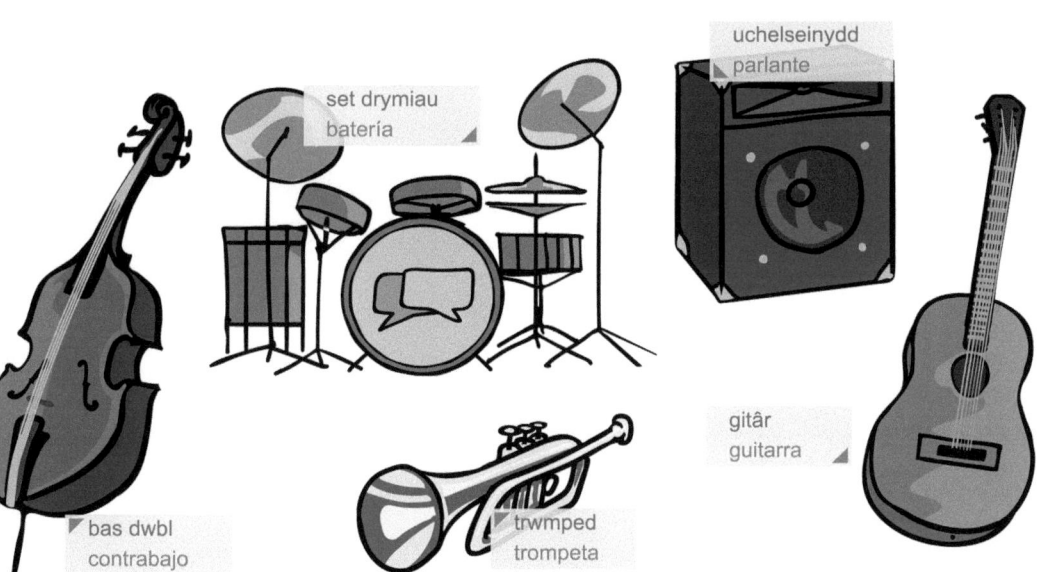

uchelseinydd
parlante

set drymiau
batería

gitâr
guitarra

bas dwbl
contrabajo

trwmped
trompeta

piano

piano

ffidil

violín

bas

bajo

timpani

timbales

drymiau

tambor

cyweirfwrdd

teclado

sacsoffon

saxofón

ffliwt

flauta

meicroffon

micrófono

sŵ
zoológico

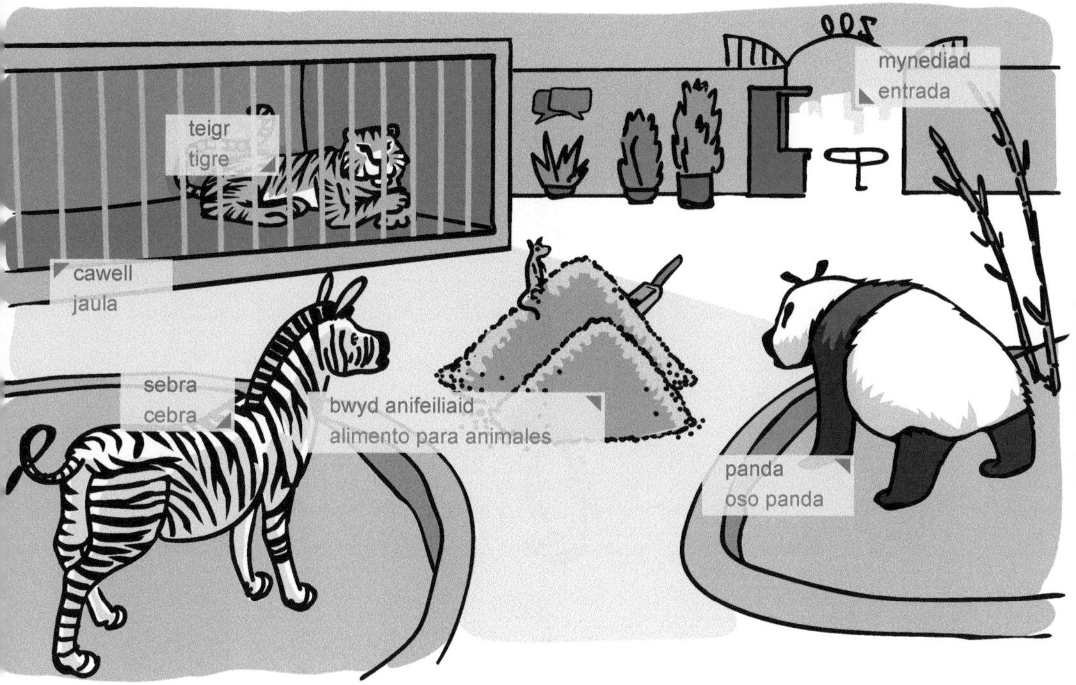

teigr
tigre
mynediad
entrada
cawell
jaula
sebra
cebra
bwyd anifeiliaid
alimento para animales
panda
oso panda

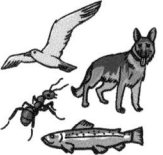

anifeiliaid

animales

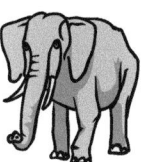

eliffant

elefante

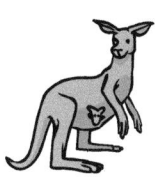

cangarŵ

canguro

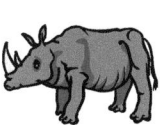

rhinoseros

rinoceronte

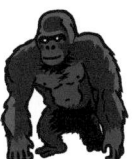

gorila

gorila

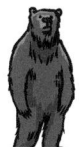

arth

oso

camel

camello

estrys

avestruz

llew

león

mwnci

mono

fflamingo

flamenco

parot

loro

arth wen

oso polar

pengwin

pingüino

siarc

tiburón

paun

pavo real

neidr

serpiente

crocodeil

cocodrilo

gofalwr sŵ

cuidador del zoológico

morlo

foca

jagwar

jaguar

merlyn

poni

llewpard

leopardo

hipo

hipopótamo

jiráff

jirafa

eryr

águila

baedd

jabalí

pysgodyn

pescado

crwban

tortuga

walrws

morsa

llwynog

zorro

gafrewig

gacela

pêl-droed America
fútbol americano

beicio
ciclismo

tennis
tenis

pêl-fasged
básquet

nofio
natación

bocsio
boxeo

hoci iâ
hockey sobre hielo

pêl-droed
fútbol

badminton
bádminton

athletau
atletismo

pêl-law
handball

sgïo
esquí

polo
polo

gweithgareddau

actividades

chwerthin
reír
neidio
saltar
cofleidio
abrazar
cerdded
caminar
canu
cantar
breuddwydio
soñar
gweddïo
rezar
cusanu
besar

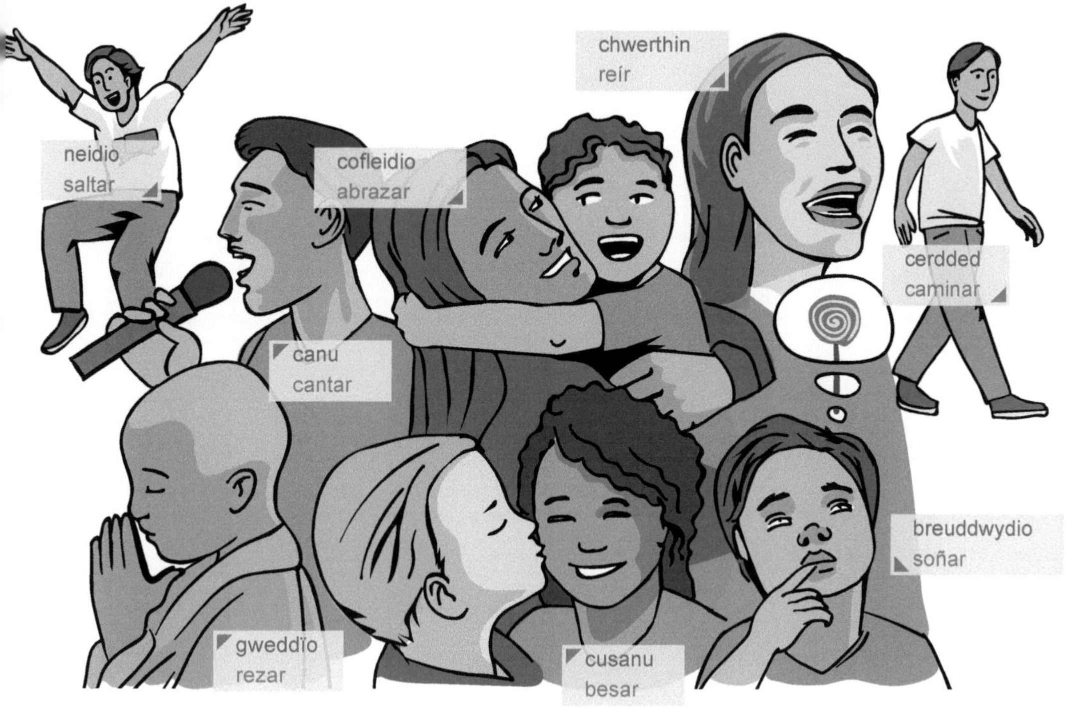

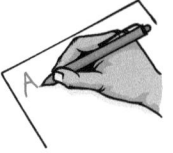

ysgrifennu

escribir

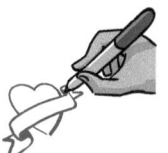

tynnu

dibujar

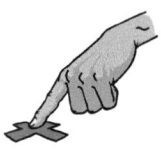

dangos

mostrar

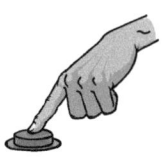

gwthio

presionar

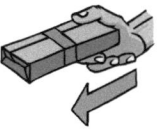

rhoi

dar

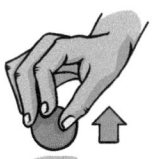

cymryd

tomar

bod gan

tener

gwneud

hacer

bod

ser

sefyll

estar parado

rhedeg

correr

tynnu

tirar

taflu

tirar

disgyn

caer

gorwedd

estar acostado

aros

esperar

cario

llevar

eistedd

estar sentado

gwisgo amdanoch

vestirse

cysgu

dormir

deffro

despertar

edrych ar

mirar

crïo

llorar

anwesu

acariciar

cribo

peinar

siarad

hablar

deall

entender

gofyn

preguntar

gwrando

escuchar

yfed

beber

bwyta

comer

tacluso

ordenar

caru

amar

coginio

cocinar

gyrru

manejar

hedfan

volar

hwylio

navegar

cyfrifo

calcular

darllen

leer

dysgu

aprender

gweithio

trabajar

priodi

casarse

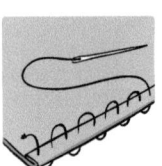

gwnïo

coser

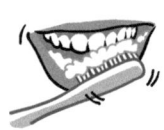

brwsio dannedd

cepillarse los dientes

lladd

matar

ysmygu

fumar

anfon

enviar

teulu

familia

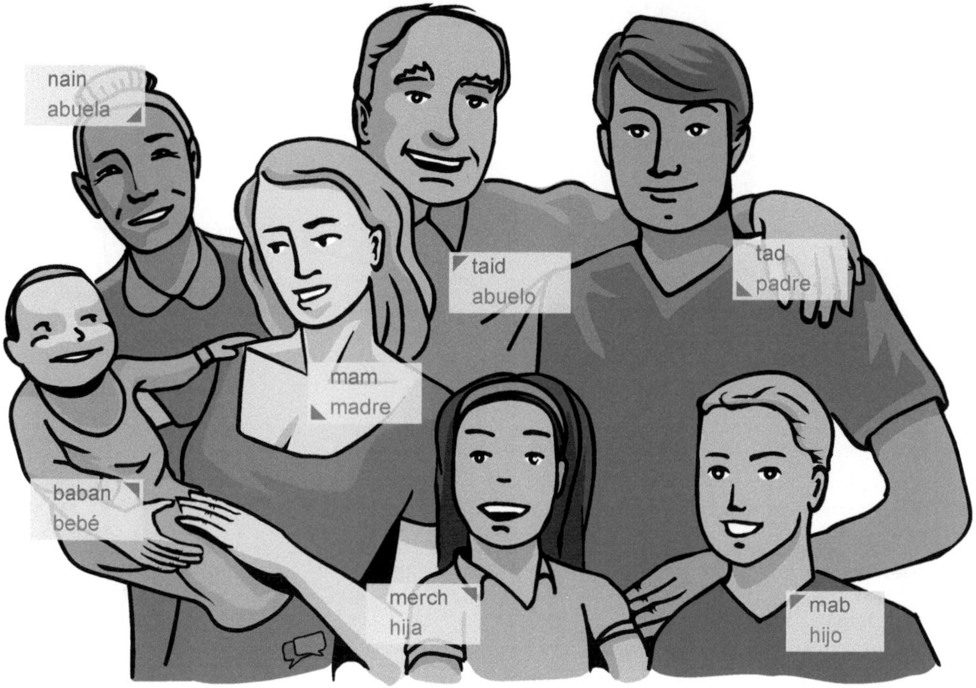
nain
abuela
taid
abuelo
tad
padre
mam
madre
baban
bebé
merch
hija
mab
hijo

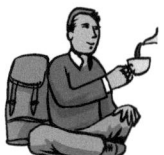

gwestai

invitado

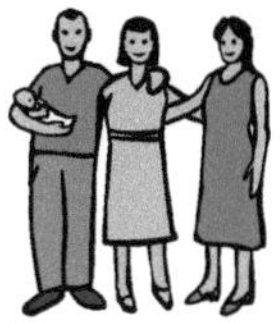

modryb

tía

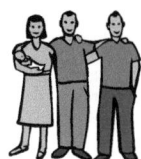

ewythr

tío

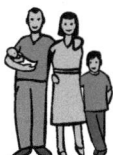

brawd

hermano

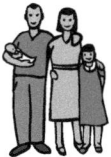

chwaer

hermana

corff

cuerpo

talcen
frente
llygad
ojo
ysgwydd
hombro
bys
dedo
wyneb
cara
gên
pera
llaw
mano
coes
pierna
bron
pecho
braich
brazo

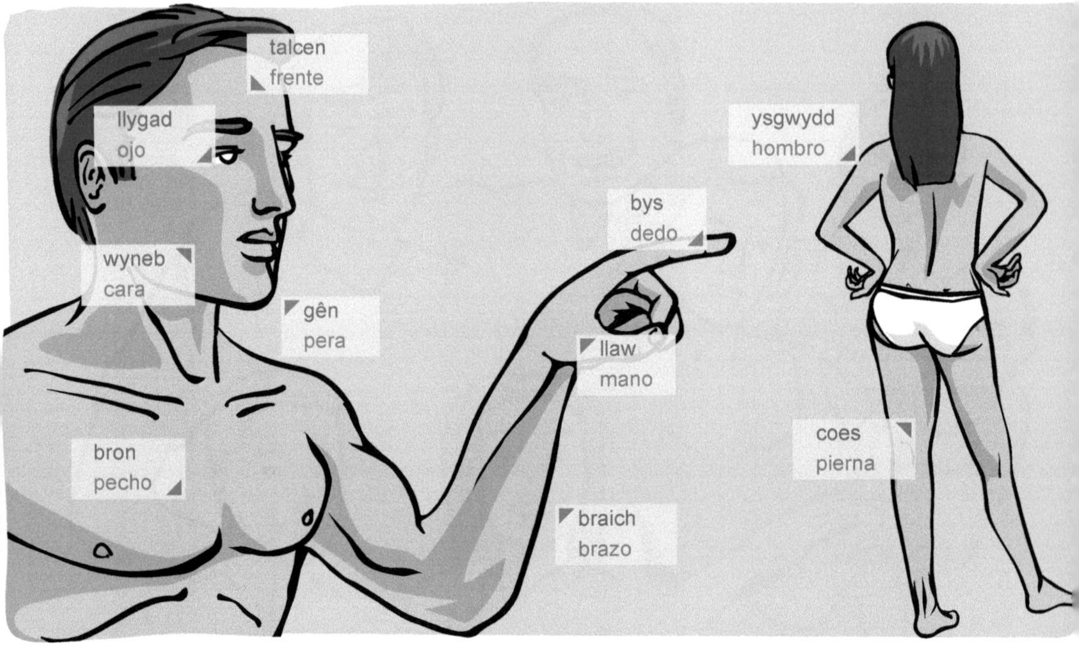

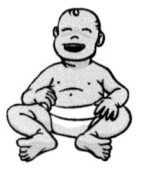

baban

bebé

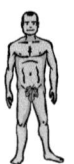

dyn

hombre

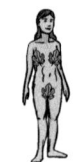

gwraig

mujer

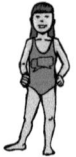

geneth

nena

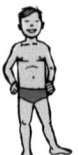

bachgen

nene

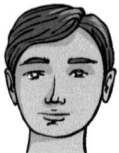

pen

cabeza

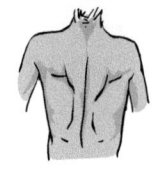

cefn

espalda

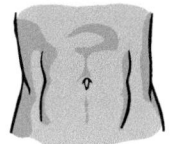

bel

panza

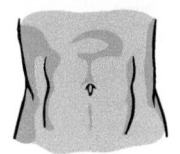

bogail

ombligo

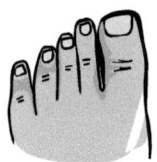

bys troed

dedo del pie

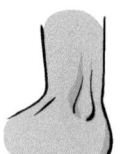

sawdl

talón

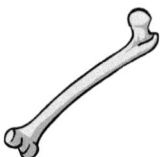

asgwrn

hueso

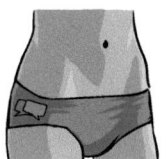

clun

cadera

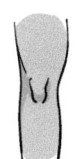

pen-glin

rodilla

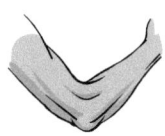

penelin

codo

trwyn

nariz

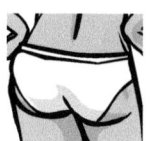

pen ôl

cola

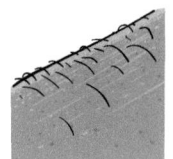

croen

piel

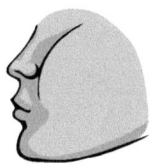

boch

cachete

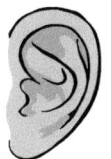

clust

oreja

gwefus

labio

corff - cuerpo

ceg

boca

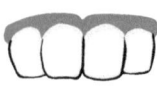

dant

diente

tafod

lengua

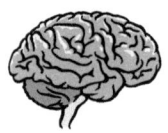

ymennydd

cerebro

calon

corazón

cyhyr

músculo

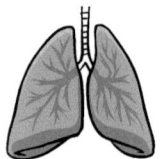

ysgyfaint

pulmón

iau

hígado

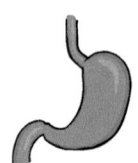

stumog

estómago

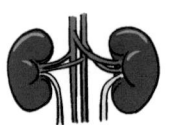

arennau

riñones

rhyw

sexo

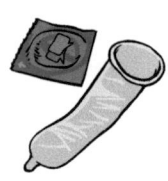

condom

preservativo

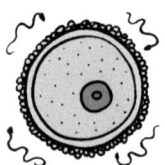

ofwm

óvulo

semen

semen

beichiogrwydd

embarazo

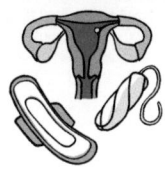

mislif
menstruación

fagina
vagina

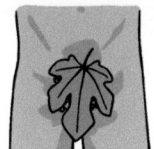

pidyn
pene

ael
ceja

gwallt
pelo

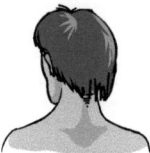

gwddf
cuello

ysbyty
hospital

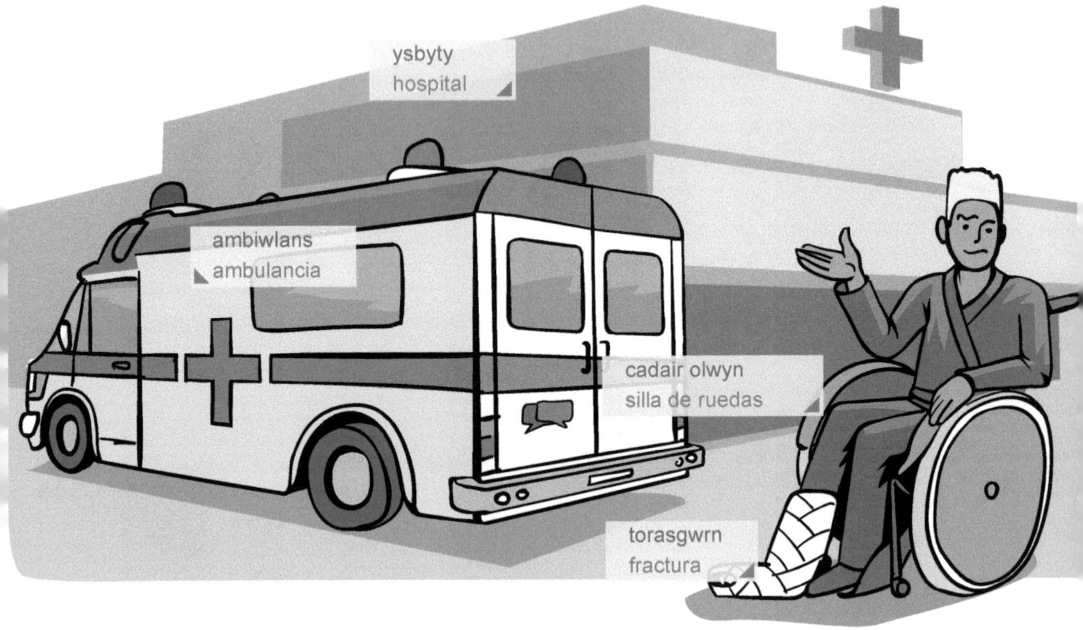

ysbyty
hospital
ambiwlans
ambulancia
cadair olwyn
silla de ruedas
torasgwrn
fractura

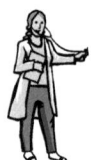

meddyg

médico

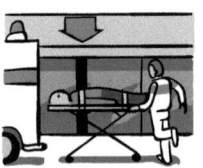

ystafell argyfwng

sala de guardia

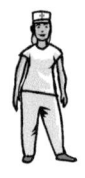

nyrs

enfermera

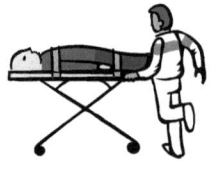

argyfwng

emergencia

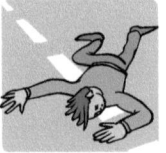

anymwybodol

inconsciente

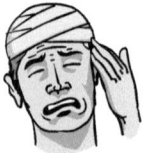

poen

dolor

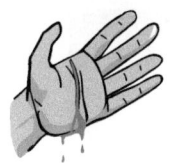

anaf

lesión

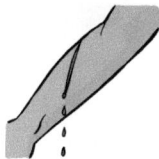

gwaedu

hemorragia

trawiad ar y galon

infarto

strôc

ACV

alergedd

alergia

peswch

tos

twymyn

fiebre

ffliw

gripe

dolur rhydd

diarrea

cur pen

dolor de cabeza

canser

cáncer

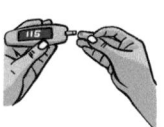

diabetes

diabetes

llawfeddyg

cirujano

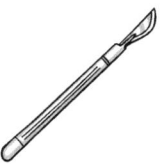

fflaim

bisturí

gweithrediad

operación

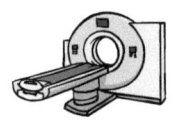

CT
....
TC

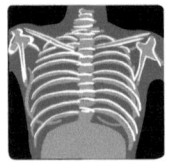

pelydr-x
....
rayos x

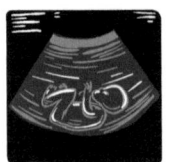

uwchsain
....
ecografía

mwgwd wyneb
....
barbijo

clefyd
....
enfermedad

ystafell aros
....
sala de espera

bagl
....
muleta

plastr
....
curita

rhwymyn
....
venda

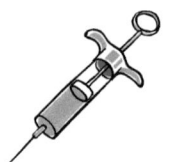

pigiad
....
inyección

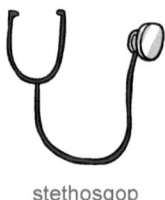

stethosgop
....
estetoscopio

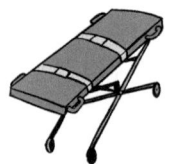

elorwely
....
camilla

thermomedr clinigol
....
termómetro

genedigaeth
....
nacimiento

dros bwysau
....
sobrepeso

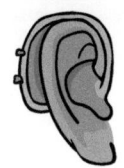

cymorth clyw

audífono

diheintydd

desinfectante

haint

infección

firws

virus

HIV / AIDS

VIH / SIDA

meddygaeth

remedio

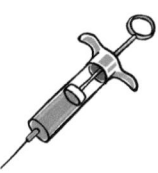

brechiad

vacunación

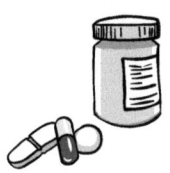

tabledi

comprimidos

y bilsen

pastilla anticonceptiva

galwad frys

llamada de emergencia

monitor pwysau gwaed

tensiómetro

yn sâl / yn iach

enfermo / sano

Help!

¡Ayuda!

larwm

alarma

ymosodiad

agresión

ymosodiad

ataque

perygl

peligro

allanfa argyfwng

salida de emergencia

Tân!

¡Fuego!

diffoddwr tân

matafuego

damwain

accidente

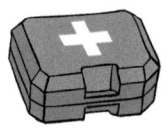

pecyn cymorth cyntaf

botiquín de primeros
auxilios

SOS

SOS

heddlu

policía

Ewrop

Europa

Gogledd America

América del Norte

De America

América del Sur

Affrica

África

Asia

Asia

Awstralia

Australia

Iwerydd

Atlántico

y Môr Tawel

Pacífico

Cefnfor yr India

Océano Índico

Cefnfor yr Antarctig

Océano Antártico

Cefnfor yr Arctig

Océano Ártico

Pegwn y Gogledd

polo norte

Pegwn y De

polo sur

Antarctica

Antártida

y Ddaear

Tierra

tir

tierra

môr

mar

ynys

isla

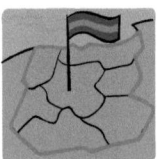

cenedl

nación

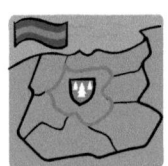

gwladwriaeth

estado

wyneb cloc

esfera

bys awr

manecilla de las horas

bys munud

minutero

bys eiliad

segundero

Faint o'r gloch yw hi?

¿Qué hora es?

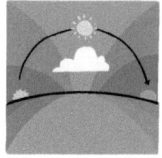

dydd

día

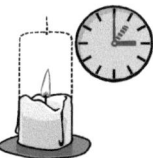

amser

hora

yn awr

ahora

cloc digidol

reloj digital

munud

minuto

awr

hora

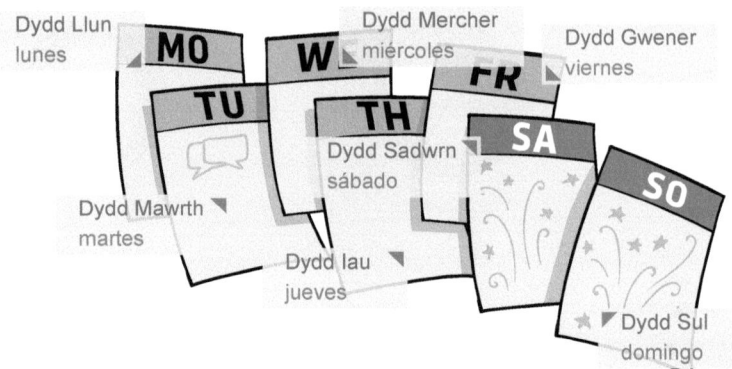

Dydd Llun
lunes

Dydd Mercher
miércoles

Dydd Gwener
viernes

Dydd Mawrth
martes

Dydd Sadwrn
sábado

Dydd Iau
jueves

Dydd Sul
domingo

ddoe

ayer

heddiw

hoy

yfory

mañana

bore

mañana

canol dydd

mediodía

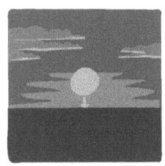

noswaith

tarde

diwrnodiau busnes

días hábiles

penwythnos

fin de semana

blwyddyn

año

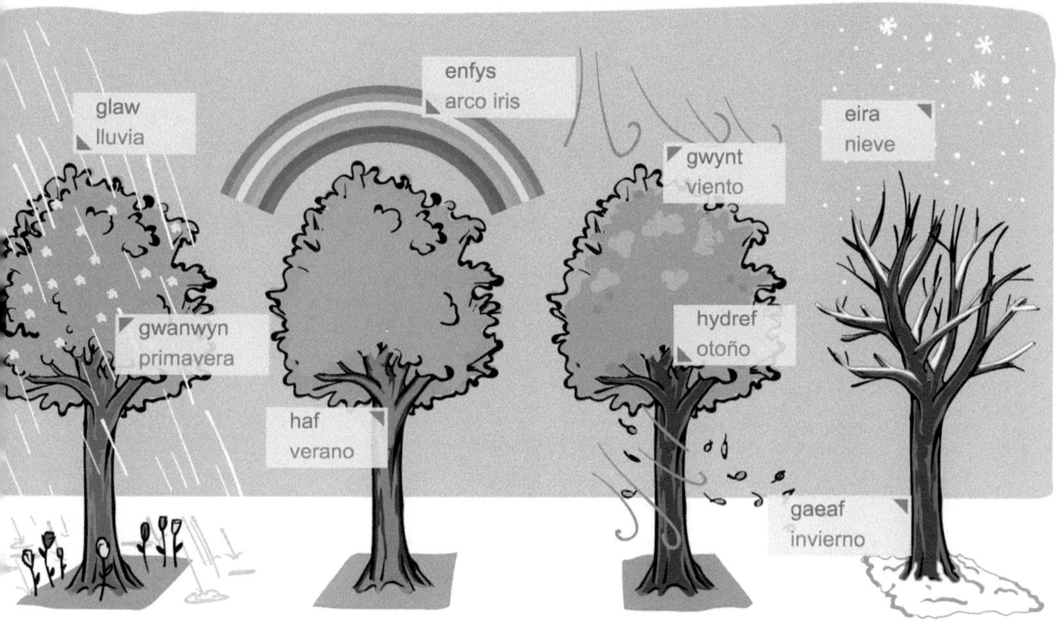

glaw
lluvia
enfys
arco iris
eira
nieve
gwynt
viento
gwanwyn
primavera
hydref
otoño
haf
verano
gaeaf
invierno

4.APRIL 11°
5.APRIL 4°
6.APRIL 13°
7.APRIL 8°
8.APRIL 10°

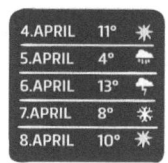

rhagolygon y tywydd

ronóstico meteorológico

F
C
120
90
60
30
0
-30
40
30
20
10
0
-10
-20

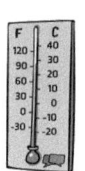

thermomedr

termómetro

heulwen

luz del sol

cwmwl

nube

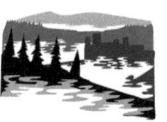

niwl tew

niebla

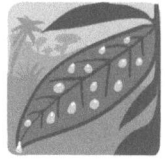

lleithder

humedad

mellt

rayo

taranau

trueno

storm

tormenta

cenllysg

granizo

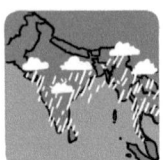

monsŵn

monzón

llif

inundación

iâ

hielo

Ionawr

enero

Chwefror

febrero

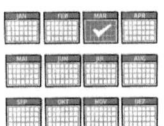

Mawrth

marzo

Ebrill

abril

Mai

mayo

Mehefin

junio

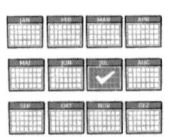

Gorffennaf

julio

Awst

agosto

blwyddyn - año

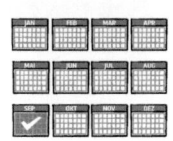

Medi
....
septiembre

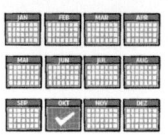

Hydref
....
octubre

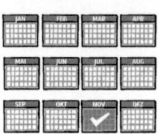

Tachwedd
....
noviembre

Rhagfyr
....
diciembre

siapiau
formas

cylch
....
círculo

sgwâr
....
cuadrado

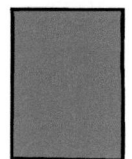

petryal
....
rectángulo

triongl
....
triángulo

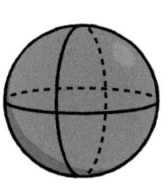

sffêr
....
esfera

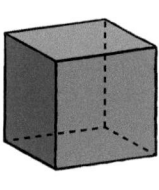

ciwb
....
cubo

gwyn

blanco

melyn

amarillo

oren

naranja

pinc

rosa

coch

rojo

porffor

violeta

glas

azul

gwyrdd

verde

brown

marrón

llwyd

gris

du

negro

llawer / ychydig

mucho / poco

dig / tawel

enojado / tranquilo

hardd / hyll

lindo / feo

dechrau / diwedd

principio / fin

mawr / bach

grande / chico

llachar / tywyll

claro / oscuro

brawd / chwaer

hermano / hermana

glân / budr

limpio / sucio

gyflawn / anghyflawn

completo / incompleto

dydd / nos

día / noche

farw / yn fyw

muerto / vivo

eang / cul

ancho / angosto

bwytadwy / anfwytadwy

comestible / no comestible

drwg / caredig

malo / amable

llawn cyffro / diflasu

entusiasmado / aburrido

tew / tenau

gordo / flaco

cyntaf / olaf

primero / último

cyfaill / gelyn

amigo / enemigo

llawn / gwag

lleno / vacío

caled / meddal

duro / blando

trwm / ysgafn

pesado / liviano

wedi newynnu / yn sychedig

hambre / sed

yn sâl / yn iach

enfermo / sano

anghyfreithlon / cyfreithiol

ilegal / legal

deallus / twp

inteligente / estúpido

chwith / dde

izquierda / derecha

agos / pell

cerca / lejos

newydd / wedi'i ddefnyddio

nuevo / usado

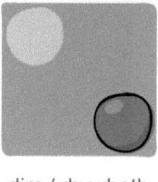

dim / rhywbeth

nada / algo

hen / ifanc

viejo / joven

ymlaen / i ffwrdd

encendido / apagado

ar agor / ar gau

abierto / cerrado

tawel / uchel

silencioso / ruidoso

cyfoethog / tlawd

rico / pobre

cywir / anghywir

correcto / incorrecto

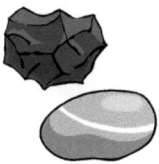

garw / llyfn

áspero / suave

trist / hapus

triste / contento

byr / hir

corto / largo

araf / cyflym

lento / rápido

gwlyb / sych

mojado / seco

cynnes / claear

caliente / frío

rhyfel / heddwch

guerra / paz

0

sero

cero

1

un

uno

2

dau

dos

3

tri

tres

4

pedwar

cuatro

5

pump

cinco

6

chwech

seis

7

saith

siete

8

wyth

ocho

9

naw

nueve

10

deg

diez

11

un deg un

once

12

un deg dau

doce

13

un deg tri

trece

14

un deg pedwar

catorce

15

un deg pump

quince

16

un deg chwech

dieciséis

17

un deg saith

diecisiete

18

un deg wyth

dieciocho

19

un deg naw

diecinueve

20

dau ddeg

veinte

100

cant

cien

1.000

mil

mil

1.000.000

miliwn

millón

Saesneg

inglés

Saesneg America

inglés americano

Tsieinëeg Mandarin

chino mandarín

Hindi

hindi

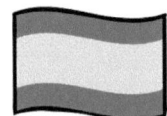

Sbaeneg

español

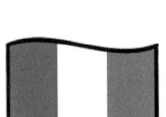

Ffrangeg

francés

Arabeg

árabe

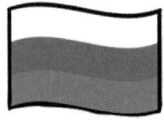

Rwseg

ruso

Portiwgaleg

portugués

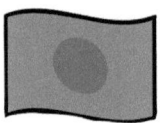

Bengali

bengalí

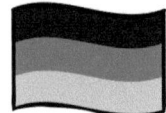

Almaeneg

alemán

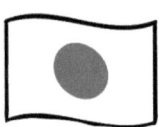

Siapanaeg

japonés

fi
....
yo

ti
....
vos

ef / hi
....
él / ella

ni
....
nosotros

chi
....
ustedes

nhw
....
ellos

pwy?
....
¿quién?

beth?
....
¿qué?

sut?
....
¿cómo?

ble?
....
¿dónde?

pryd?
....
¿cuándo?

enw
....
nombre

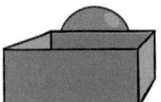

y tu ôl i

detrás

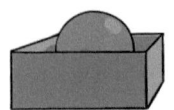

yn / yng / ym / mewn

en

o flaen

adelante de

dros

por encima de

ar

sobre

dan

debajo de

wrth ochr

al lado de

rhwng

entre

lle

lugar